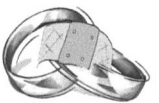

© tao.de in J. Kamphausen Mediengruppe GmbH, Bielefeld

1. Auflage 2014

© 2011. Idee und Text: Wolf W. Lasko
Zeichnungen: Heyko Stöber, gstoeber@gmx.de
Umschlaggestaltung, Layout/Satz: Wilfried Klei
Umschlagmotiv: Heyko Stöber
Lektorat: Natalie Nicola
Korrektorat: Katja Wetzel
Motiv Ringe: artikularis - fotolia.com
Printed in Germany

Verlag: tao.de in J. Kamphausen Mediengruppe GmbH, Bielefeld
www.tao.de, eMail: info@tao.de

Bibliografische Information der Deutschen Nationalbibliothek:
Die Deutsche Nationalbibliothek verzeichnet diese Publikation
in der Deutschen Nationalbibliografie; detaillierte bibliografische
Daten sind im Internet über **http://dnb.d-nb.de** abrufbar.

ISBN Paperback: 978-3-95802-115-0
ISBN Hardcover: 978-3-95802-116-7
ISBN E-Book: 978-3-95802-117-4

Wolf W. Lasko

DAS ULTIMATIVE EHE RETTUNGS BUCH

Von der Lust-Ehe zur Frust-Ehe
und wieder zurück

Zeichnungen: Heyko Stöber

tao.de

Von der Lust-Ehe zur Frust-Ehe
und wieder zurück

Sie können jetzt drei Dinge tun:

1.

Sie schauen sich nur die Illustrationen an
und haben etwas **zum Lachen.**

2.

Sie sehen sich die Illustrationen an,
lesen dazu den Text und **schmunzeln.**

3.

Sie schauen sich die Illustrationen an,
lesen dazu den Text und erkennen den
bemerkenswerten Inhalt.
In diesem Fall haben Sie auf angenehme
Weise **etwas gelernt.**

Herr Flow ist jung.

Seine Hormone sind in Bestform und drängen auf Erfüllung ihrer Aufgaben.

Das ist Herr Flow.

Herr Flow ist also heiß und hungrig.

Und weil es außerdem gar nicht gut ist,
alleine zu sein, fliegt Herr Flow in der
Akquisitionsschleife.

Er sucht die Intensivsozialpartnerin (ISP),
die Lebensabschnittsgefährtin (LAG)
oder am besten doch gleich die Liebe fürs
Leben (LfL).

Selbstverständlich soll's nicht irgendeine sein. Sein Ziel ist es, die Wunschkreuzung zu finden, die perfekte Entsprechung seiner Bedürfnisse.

Sein paranoider Hochrechner, auch Verstand genannt, schlägt fröhliche Kapriolen, wenn er sein **Prachtweib** visualisiert.

... soll sie sein!

Das ist der Idealmix für eine lebenslange Beziehung, zumindest aber das Versprechen einer großen Glücks-Wahrscheinlichkeit. – So jedenfalls die hormongesteuerte Spekulation von Herrn Flow.

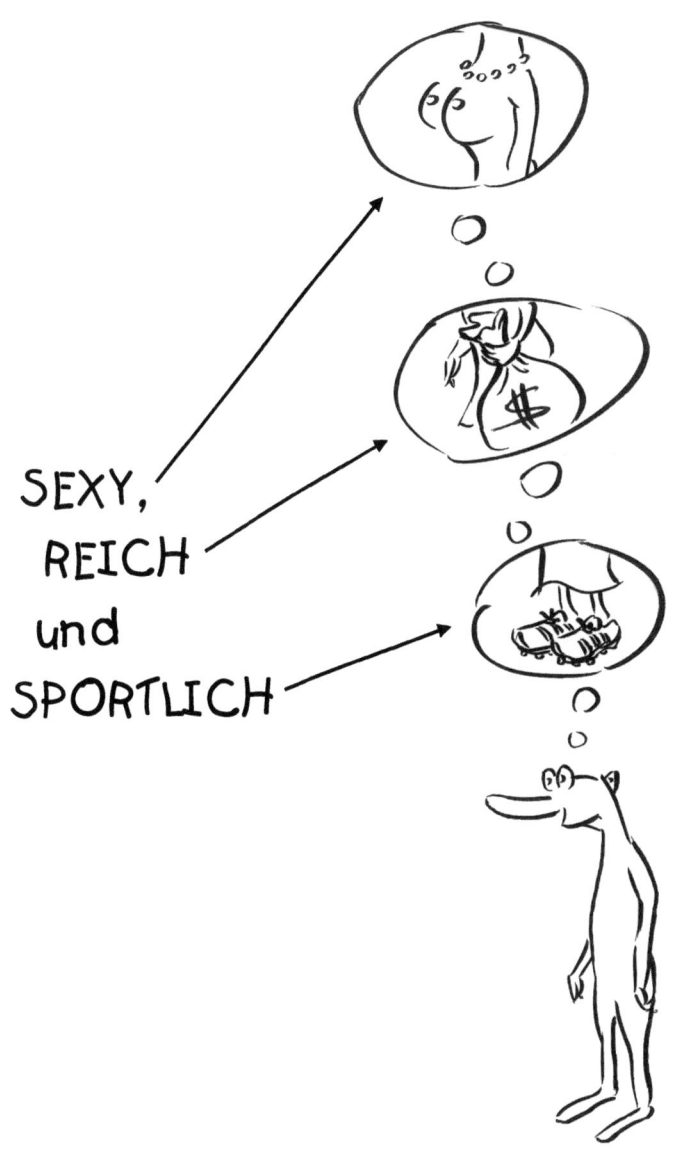

SEXY,
REICH
und
SPORTLICH

Das erste Objekt seiner Begierde

ist dann auch schnell gefunden. Zwar ist es die überwiegend sportliche Variante des ersehnten Prachtweibs, aber nun ja – etwas Verlust ist immer.

Immerhin kann er mit ihr im direkten Feldversuch zufrieden feststellen, dass er nicht nur Verbalerotiker ist. Auch wenn er sich eingestehen muss, dass die körperliche Ertüchtigung der Partnerin zwar durchaus Vorteile hat, die dezimierten anderen Tugenden jedoch nicht wettmachen kann.

Herr Flow kommt zu der klugen Erkenntnis, dass **Liebe auf den ersten Blick** wohl doch nur die Entschuldigung der Männer dafür ist, dass sie es eilig haben. Fortan nimmt er sich **Zeit für einen zweiten Blick.**

Weil zwei Blicke aber auch nicht viel Zeit beanspruchen, trifft er schon bald die nächste potenzielle Partnerin. **Die ist sportlich und sexy.** Sein Neuronen-brutkasten erhitzt sich auf 100 Grad, und mit diabolischer Lust sagt er sich:

„Liebe deine Nächste so schnell du kannst und solange sie noch warm ist."

Vier Wochen später sind die **Tempera-turen dem Gefrierpunkt** nahe und er begibt sich wieder auf die Pirsch.

Herr Flow prüft die Liebe in eifrigen Feldversuchen. Das ist anstrengend und das ist zeitraubend. Wer will es ihm da verdenken, dass er das Bettlaken erst wechseln kann, nachdem es mehreren Liebhaberinnen als Lager diente?

Doch dann, eines Tages – bingo!
Das Universum meint es gut mit ihm.
Sie ist sportlich und sexy und
reich! Sein Beuteschema ist Wirklichkeit
geworden.

Ein gigantischer Spaß erfüllt ihn, sein Inneres
erlebt die wahre Lust. Herr Flow ist
total verliebt. Ach was ... er liebt!

Zwar hört man ihn im Kreise seiner engsten
Freunde ein wenig selbstironisch feixen:
„Monetäres Glück schützt vor dem Trieb-
verlust im Alter."
Ansonsten aber kann er gar nicht anders,
als mit seinen Worten wahre Triumphbögen
für sie zu erschaffen. Denn diese Frau
hat einfach alles, wonach er gesucht
hat.

Endlich kann er seinen Traum von der Wunschkreuzung entlassen – mit dieser Frau ist er zu realem Leben erweckt worden.

Sein Glücksgefühl ist unbeschreiblich.

Und weil auch sie von ihm nur in den höchsten Tönen schwärmt, steigert sich sein Selbstwertgefühl ins Unendliche. Er fühlt sich unwiderstehlich. Er ist der King im Ring!

(Anmerkung: Nur gut, dass er nicht gerade bei einer anderen war, als die Liebe bei ihm anklopfte.)

Verständlich, dass solches Glück
die Neider auf den Plan ruft.

Eifersüchtig fleht seine Ex ihn an,
zu ihr zurückzukommen. Erfolglos.
Sie versucht's auf die neckische Art:
„Nimm mich, auf mir siehst du viel besser aus."
Ebenfalls erfolglos.
Sie reagiert giftig: „Die andere zu nehmen
ist ein unappetitliches Psychomanöver
mit ungewissem Ausgang."
Erst recht **erfolglos.**

Auch Freunde warnen ihn: „Du, vergiss
die, die hab' ich auch schon mal gehabt."
Nutzlos …

Die Mutter sagt: „**Vergiss sie, mein Sohn.** Diese Lady kann nicht kochen. Niemals wird sie deinen geliebten Rheinischen Sauerbraten so vorzüglich zubereiten können, wie ich es kann. Bleib' doch einfach Junggeselle. Du kannst bei uns wohnen, wir sind immer für dich da."

Der Vater mahnt: „Pass auf, dass sie dich nicht ganz einfängt. **Die Ehe ist niemals mehr als ein Souvenir der Liebe.** Aber vor allem, mein Sohn", so der Vater mit grimmigem Blick zur Mutter, „achte bei deiner Entscheidung auf die Idealmaße einer Frau: 90-60-40! Will sagen: 90 Jahre alt, 60 Millionen auf dem Konto und mit 40 Grad Fieber im Bett."

Na und? **Herr Flow lässt sich durch nichts beirren** und nutzt den nächstbester

Moment für das intime Ja zur lebenslangen Beziehung.

Es fällt also die Entscheidung:
Nicht für die Luxuswohnung des „Alleinseins"
(die man ohne Not eigentlich nicht aufgibt),
sondern für den Einbürgerungsakt in
die Heimat der freiwilligen
Verwandtschaft.

Anmerkung:
EHE heißt übersetzt „Erare humanum est". (Für Leser
des zweiten Bildungswegs: „Irren ist menschlich.")

Mit dem Jawort der Angebeteten geht für Herrn Flow die Sonne auf. **Er schwebt auf Wolken, ist im siebten Himmel.**

Nun also nimmt das Experiment „Ehe" im Forschungslabor „Leben" seinen Lauf, und der Ring am Finger definiert die erwartete Erlebnissteigerung.

Filmschnitt ...

...Jahre später.

Die Balz-Intensitäten sind inzwischen
dem grauen Alltag gewichen.
Das Charakteristikum des verflixten
siebten Jahres setzt sich in Szene und
das ganz normale Ehedrama
kann beginnen.

Die Ehe schleppt sich dahin. Die eheliche Duldungsstarre schlägt zu, und damit stürzt **die Kurve der Liebe** in rasanter Talfahrt der Nulllinie entgegen.

HIGH

Als großes Abenteuer war es geplant: Gemeinsam alt werden, Schlaganfall, Intensivstation und dann ab in die Urne zum letzten Meeting auf dem Zentralfriedhof. Und jetzt? Jetzt regiert die Angst vor einem unaufhaltsamen Abstieg in die Banalität des Alltagslebens und die psychologischen Spätfolgen sind bereits unverkennbar in die Wege geleitet.

LOW

JAHRE

Was ist passiert? Oder anders gefragt: Was ist eben nicht passiert?

Wie auch immer. Fest steht:
Die Schrecklichen 4 haben sich der
Beziehung bemächtigt. Sie sind aus
der üppigen Fundgrube des ehelichen
Standard-Inventars entwischt und über
Herrn Flow und seine Angetraute
hergefallen.

Lernen Sie die Schrecklichen 4 nun kennen.

Die ehedem so heiß geliebte Intensivsozialpartnerin entwickelt sich weiter. Sie wird
kreativ und hat Interesse an intellektuellen
Herausforderungen. Das ist neu, das gab es
nicht, als Herr Flow sie kennenlernte.
Jetzt will sie sogar studieren! Unterm Strich:
Sie ist eine schrecklich andere geworden.

„Sie entwickelt sich weiter"

Zwar ist sie immer noch dieselbe, aber irgendwie ist sie es auch wieder nicht. Zynisch kommentiert Herr Flow: „Es gibt immer noch so viele Idioten wie früher, nur haben sie jetzt studiert." Sie studiert trotzdem, macht den Doktor, ist viel unterwegs. **Von häuslicher Nähe keine Spur.** Herr Flow ist perplex, paralysiert. Der Satz eines guten Freundes fällt ihm ein: „Intelligenz ist die Eigenschaft, die ein Mann bei einem Mädchen sucht, nachdem er alles andere schon gefunden hat." Doch Herr Flow weiß sicher: Bei seiner Frau sucht er diese Eigenschaft auf keinen Fall!

Anmerkung: Es gibt Millionen anderer Varianten.

Die 2. Schreckliche –

Es kommt noch schlimmer.

Sie will ein Kind. „Kinder", so sagt sie, „sind das letzte große Abenteuer auf dieser Welt." Das war nie geplant. Vor sieben Jahren wollte er kein Kind.
Er will nach wie vor nicht, sie umso vehementer. Sie hatte schon immer diesen Wunsch, nur hat sie ihn bisher versteckt. Jetzt sagt sie es – offen und frei heraus.

Herr Flow hat ihren Wunsch nie registriert. Der berühmte „blinde Fleck" hat ihm da wohl die klare Sicht getrübt. Denn auch ein **Liebender sieht nicht, was er nicht sehen will** – selbst wenn es der Herzenswunsch der Geliebten ist.

Sein „blinder Fleck"

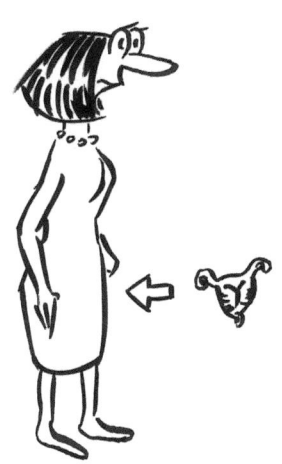

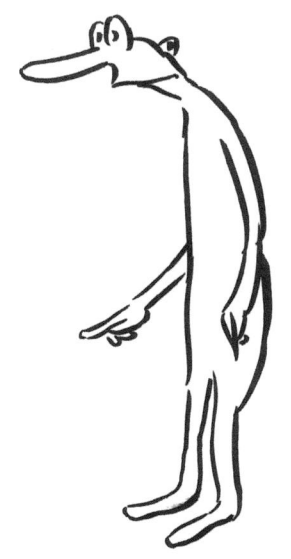

Die 3. Schreckliche –

(Naja, es könnte auch eine Rückentwicklung sein.)

Kommen wir nun zu Herrn Flow. Natürlich
verändert auch er sich, und nicht gerade
widerwillig lässt er sich von Freunden
überreden, einmal etwas Verrücktes und
Aufregendes zu tun:
Er sieht sich einen
Sexfilm der „ganz
besonderen" Art an.
Was er dort sieht, das
bekommt er zu Hause
nicht. Bisher wusste er
nicht einmal, dass es so
etwas gibt, aber jetzt will
er es auch haben.

Was stört es ihn, dass ein Kuss hier Ausdruck
der Fresslust ist, die darauf abzielt, das
Objekt zu verschlingen, mit all dem galle-
bitteren Nachgeschmack, der solche
unappetitlichen Dramaturgien begleitet.

„Er entwickelt sich weiter"

„Liebe deine Nächste so schnell du kannst!"
– Wo die Illusionslust mit solch kollegialer
Munterkeit das Kernthema parolenmäßig
bearbeitet, bleibt es nicht aus, dass Herr
Flow bisher unbekannte Interessen für das
andere Geschlecht
und dabei völlig
neue Perspektiven
gewinnt. Seine Ziele:
Die 64 Stellungen
des Kamasutra
im Sauseschritt
durcheilen, eine
Dauerkarte
für den
Swingerclub
und Präsident des
Vereins „Porno2go".

Die 4. Schreckliche –

Und dann gibt es noch etwas, was bei
Herrn Flow zwar nur in Ansätzen, aber doch
immer schon da war. Nur sein Prachtweib
hat davon nichts mitbekommen. Es lebe der
„blinde Fleck"! Doch nun aktiviert er diese
Veranlagung und baut sie intensiv aus.
Er wird gesellig. Immer öfter geht er
aus. Immer öfter hat er Lust, einen – wenn's
sein muss auch über den Durst – zu trinken.
Und weil er seinen letzten Absacker gerne
alleine mit dem Wirt trinkt, ist es klar, dass er
erst spät, sehr spät nach Hause kommt.

Statt in meditativem Eremitentum dahinzu-
leben, wie oft scherzhafterweise in früheren
Ehejahren angedroht, wird er nun also zu
einem apokalyptischen Reiter, der in wildem
Ritt durch die Kneipen jagt.

Ihr „blinder Fleck"

Und: Er will einmal Prinz in Kölle sein –
die Hochburg des Kneipenlebens.

Die Schrecklichen 4 reiben sich
vergnügt die Hände. Sie haben das
Dilemma erfolgreich inszeniert:
Die ehemals vertrauten, verliebten und
geliebten Partner sind sich fremd geworden.
So fremd, als wären sie zwei vollkommen
neue Menschen.

Sie hat sich entwickelt:
Kreative Interessen,
intellektuelle Heraus-
forderungen und
dann auch noch der
Doktortitel.

Sein „blinder Fleck":
Dass sie Pänz will
hat er geflissentlich
übersehen.

Er hat sich
entwickelt (vielleicht
eher zurück als weiter,
aber immerhin ...): Special Sex, Porno2go.

Ihr „blinder Fleck": Sie wollte einfach nicht wahr-
haben, dass er ein
begeisterter Knei-
pengänger war
und ist.

Das Lebensdrama nimmt nun also seinen tragischen Lauf.

An einem schönen Sonntagnachmittag sitzt
Herr Flow der ehemals so heiß begehrten
und geliebten, weil real gewordenen
Wunschkreuzung gegenüber.
Und vor seinem inneren Auge sieht er
auf einmal die Schrecklichen 4,
die 4 Meister der angeblich fremd-
bestimmten Katastrophen, und ...

... wünscht sich, dass sie das, was er will, aus eigenem Antrieb tut, dass sie endlich die Initiative ergreift, aktiv wird, um so zu sein, wie er sie sich wünscht.

Er wünscht es sich,

wünscht es,

wünscht

und wartet.

... aber es klappt nicht.

Da muss er also wohl aktiv werden.
Was bedeutet: Er will sie mit einer subtilen Art
von Seelendoping aktiv verändern. Denn
warum sollte er sich ändern? Sie muss anders
werden!

Doch so sehr er auch an ihr dreht, es klappt
einfach nicht.

Gut, dann wird er sich also von ihr scheiden lassen. Er wird sie verlassen, einfach Tschüss sagen, sich aus dem Staub machen.

Anmerkung:

Herr Flow hat schon einen Rechtsanwalt konsultiert

Dass er damit den trivialen Weg einer Verpisserroute einschlägt, erkennt er nicht. Und dass er damit haargenau dem Profil des Typs entspricht, der von der geistigen Flexibilität einer Eisenbahnschwelle getrieben wird, logischerweise ebenfalls nicht.

und musste leider erfahren, dass Rechtsschutzversicherungen nicht für Scheidungskosten aufkommen.

Eines Nachts erscheint ihm
im Traum eine Zauberfee.

Es ist die Fee 7. Sie wird so genannt, weil sie
allen verheirateten Intensivsozialpartnern
im 7. Ehejahr erscheint, bedauerlicherweise
aber nur als Erscheinung gewertet wird.
(Siehe als Beweis die vom Statistischen Bundesamt
veröffentlichten Scheidungsquoten.)

Mit ihrem Zauberstab kitzelt sie Herrn Flow
so lange hinter den Ohren, bis er aufwacht
und sie erschrocken anstarrt.
„Ha", sagt die Fee 7, „mit dir will ich reden.

Starr mich nicht so an, sondern höre mir
besser aufmerksam zu. Du hast deine
Lebendigkeit verloren und weißt
nicht, warum. Aus diesem Erklärungs-
notstand befreit dich erst einmal
nur eine intellektuelle Erkenntnis.
Danach aber musst du mit deinem
Herzen entscheiden, was du willst.
Los geht's mit Lektion A."

Lektion A

als du deine Intensivsozialpartnerin (ISP) kennenlerntest, wusstest du von Anfang an, was passieren kann, wenn ihr heiratet:

- Es wird eine tolle Ehe oder
- es wird eine schleppende Ehe oder
- es wird eine furchtbare Ehe oder
- sie verlässt ihn oder
- er verlässt sie.

Ja, ja, ich weiß, auch du wolltest eine tolle Ehe führen. Aber es gibt nun einmal Spielregeln, und wenn diese Spielregeln nicht eingehalten werden, ist es vorbei mit einer tollen Ehe. Auch das wusstest du von Anfang an.

Also: Du kanntest die Varianten einer Ehe von Anfang an, und du wusstest, dass es bestimmte Spielregeln gibt, damit die Ehe funktioniert. Wenn dir das alles klar war, wer ist denn dann verantwortlich für die Situation, wie sie jetzt ist?"

Nachdenklich antwortet Herr Flow: „Wenn du das so siehst ..., so habe ich es noch nie gesehen ..., aber dann wäre es ja ich, der verantwortlich ist!"

Die Fee 7 nickt energisch. „Gut, nur wenn du so denkst, kannst du erkennen, dass du der Schöpfer dieser schleppenden Ehe bist. Und nur dann kannst du das auch verändern. Nur dann kannst du dich verändern, kannst Schöpfer und Regisseur sein, damit aus der jetzigen Situation wieder eine tolle Ehe wird.

Aber höre weiter zu. Es folgt Lektion B."

Lektion B

„Du wusstest auch, dass es die Schrecklichen 4 in verschiedenen Versionen gibt.

Bei euch haben sie sich so gezeigt:

1. Sie entwickelt sich weiter, interessiert sich für Intellektuelles und promoviert.

2. Sie drängt darauf, ein Kind zu bekommen.

3. Du entdeckst bisher unbekannte Gelüste – Special Sex.

4. Du findest Gefallen an neuen Spaßfaktoren – die Kneipe.

Stimmt das?" „Eigentlich ja", erwidert Herr Flow, „aber das alles ist einfach so passiert. Das alles war nicht so bewusst." „Tja, mein Lieber. Ob einfach so oder unbewusst. Du bist auch dafür verantwortlich. Du hast es so gewollt.

Du bist der Regisseur und Schöpfer. Du bist zwar nicht verantwortlich für das Verhalten des Partners, wohl aber dafür, dass du dich in eine Situation bringst, also die Ehe, wo diese Spielvarianten möglich sind."

Lektion C

„Auf geht's zur nächsten und letzten Lektion. Und ich kann dir versprechen, die ist nicht ganz ohne ... Also: Wer hat im Standesamt Ja gesagt? Du? Deine Mutter? Dein Vater oder irgendein anderer? Wer ist also verantwortlich für das, was ist?"

Herr Flow stöhnt leise auf: „Hör auf, hör auf! Ich habe verstanden. Ich habe Ja gesagt und deshalb bin auch ich derjenige, der die Verantwortung trägt."

„Prima", sagt die Fee 7, „du hast es begriffen. Bisher hast du gelebt wie ein Frosch in
einem Brunnen. Er beurteilt die Dimension des
Himmels nur nach dem Ausmaß des Brun-
nenrands. Er weiß nichts von der Größe des
Himmels und der Weite des Meeres. Doch
jetzt weißt du Bescheid. **Du hältst jetzt ein
Ehe-Harmonie-Set in deinen Händen,**
hast es in deinem Verstand und hoffentlich
auch in deinem Herzen verankert.

Jetzt kannst du wachsen. Glaube mir, das
ist keine intellektuelle Nostalgie. Das ist die
schlichte Wahrheit. Denn **Wachstum** ist
der einzige Weg, die Welt zu erkennen
und in ihr als Schöpfer und Regisseur zu
agieren. Und wer nicht wächst (oder
wachsen will), der wird kleiner.

Nun schau nicht so verdattert. Stell dir deine
Ehe einfach vor wie einen endlosen Kalender.
Jedem Tag gehört ein Kalenderblatt, und

jedes Kalenderblatt ist ein Wertpapier, dessen Kurs du selber bestimmst. **Du bist der Baumeister, der Schöpfer und Regisseur deines Schicksals.** Ja, ja, mit deiner Ehe sieht es nicht gerade rosig aus. Aber nun lass den Kopf nicht hängen. Weißt du, wenn etwas zu Ende ist, kann man neu anfangen."

Herrn Flow schwirrt zwar der Kopf, doch die Fee 7 lässt noch nicht locker: „Da gibt es noch was, was du dir merken sollst: Ehen sind wie Bierdeckel.

- Sind sie dicht aufeinander (OO) funktioniert es nicht, keiner hat Freiraum, um zu wachsen.

- Sind sie zu sehr auseinander (O O), dann fehlt das Gemeinsame.

- Sind sie leicht überschneidend (OO), haben beide ein Ziel, dann klappt es.

Hast du das kapiert?"

Herr Flow kann nur noch ein ziemlich erschöpft klingendes „Ja" murmeln.

Nach all diesen Ausführungen und Erklärun-
gen der Fee fühlt er sich wie von einer
Verbalkeule getroffen. Und überhaupt:
Wer unterhält sich denn schon des Nachts
im Traum mit einer Zauberfee?
Ist er vielleicht ein kauziger Outsider, ein
sympathischer, wenn auch spinnerter
Underdog? Allerdings muss er zugeben,
dass diese merkwürdige Fee ihm deutlich
gemacht hat, dass er zwar vieles weiß,
dass er es aber nicht lebt und schon
gar nicht im Herzen verankert hat.

Herr Flow begreift, dass es nur eines gibt,
um die Vergangenheit zu bewältigen:
Er muss es in Zukunft anders machen.
Anders – nicht besser. Denn alles,
was in der Vergangenheit missglückt ist,
war Teil des Spiels, durch das er verstehen,
begreifen, erkennen, lernen konnte. Es gibt
keinen anderen Weg, um Meister zu
werden. Schließlich werden Rosen auch

nicht ihrer Dornen wegen begossen. So, und nun wird er einen Schritt zurücktreten, seinen Blickwinkel erweitern und sich neu orientieren. Denn – auch das hat er begriffen – nur wer sich ändert, bildet sich weiter.

Voller Tatendrang überlegt Herr Flow, was denn nun sein erster Schritt zur Veränderung sein könnte, da bemerkt er, dass die Fee noch nicht verschwunden ist.

Lächelnd schaut sie ihn aus der Ecke des Zimmers an und sagt: „Bevor ich gehe, mein Freund, möchte ich dir sagen, dass du immer die Freiheit hast zu wählen.

Entweder du liebst das, was ist und was du hast. Und wenn du das nicht kannst, dann trenn dich davon. Wenn du das aber auch nicht willst, dann verändere es. Und sollte

auch das dir nicht möglich sein, dann geh zurück auf Start: Liebe es! Der Schlüssel zum Glück heißt also: Love it – leave it – change it. In deinem speziellen Fall bedeutet das:

1. Liebe deine Frau so, wie sie ist. Liebe sie mit all ihrem Wachstum und liebe dich mit all deinem Wachstum, wie du bist – love it.

2. Wenn du das nicht kannst, verlass sie –
   leave it.

3. Wenn du auch das nicht kannst oder
   nicht willst, dann verändere etwas –
   change it! Verändere deine Intensivsozialpartnerin, verändere dich oder
   verändere die Situation.

Nun schau nicht so bedröppelt. Ich weiß, keine dieser drei Alternativen scheint für dich richtig zu sein. ‚Change it' hast du versucht, das hat nicht funktioniert. ‚Leave it' hast du auch nicht geschafft, und das bestimmt nicht nur, weil du den Anwalt nicht bezahlen wolltest. ‚Love it' kriegst du aber auch nicht hin. Deshalb gibt es für Typen wie dich noch eine weitere Möglichkeit:

4. Oscillate it! Dann musst du dich nicht entscheiden, dann kannst du wie es dir beliebt zwischen Ja und Nein hin und her wechseln.

Morgens ‚Change it', abends ‚Love it',
am Wochenende ‚Leave it' – je nachdem, was passiert und wie du selbst drauf
bist. Und zwischendurch kannst du dich
damit trösten, dass die Frau, die dir morgens
mürrisch gegenübersitzt, dieselbe ist,
die dir abends mit hinreißendem Lächeln
deinen geliebten Rheinischen Sauerbraten
serviert (obwohl sie ihn tatsächlich nicht so
köstlich zubereiten kann wie deine Mutter).
Und wenn sie sich tagelang in ihre Arbeit
vergräbt, dich danach aber dann lustvoll
verwöhnt – das ist doch was!

Zudem kannst du jeden Tag deiner Ehe, Tag
für Tag, darüber nachdenken, ob du dich für
1., 2. oder 3. entscheiden willst. Das ist zwar
nicht gerade die vergnüglichste Beschäf-
tigung, doch solange du dich nicht entscheiden kannst oder magst:

‚Oscillate it!' Auch wenn es das
Dümmste ist, was du machen kannst."

Herr Flow denkt. Nein, nicht an den Rheinischen Sauerbraten. Er denkt nach, und er denkt lange nach. Dann plötzlich packt ihn eine mittelschwere Erleuchtung: Er ist es, er hat diese Beziehung so geschaffen, wie sie ist. Er ist verantwortlich! Wie sagte seine Grandma doch immer: „Was du gibst, wirst du empfangen." Und auch: „Was du säst, das wirst du ernten."

Herr Flow erkennt: Er ist kein Opfer irgendwelcher Umstände. Er selbst hat die Situation geschaffen, sie ist das Resultat seines Handelns oder auch Nichthandelns. Und deshalb wird, deshalb kann ihm keiner helfen, nicht einmal seine Intensivsozialpartnerin (ISP). **Es ist allein sein Part!** Nur er selbst kann etwas verändern, auch wenn es – vorerst – nur eine veränderte Sichtweise ist.

Wenn ein Kind zwei Meter groß wird und seine Füße im Bett keinen Platz mehr finden, hacken die Eltern ihm dann die Füße ab? Nein, ganz sicher nicht. Sie werden ihm ein neues Bett kaufen.

Ist es mit seinem Wachstum und dem seiner Intensivsozialpartnerin nicht ähnlich? Keine mutwilligen Begrenzungen, sondern genügend Raum schaffen, in dem beide wachsen und auch zusammenwachsen können. **„Gefesselte Hände können keinen Beifall klatschen."** Den Satz hat er in der Doktorarbeit seiner Frau gelesen. (Thema: „Die Auswirkungen kakofonischer Sinfonien am Beispiel inhaftierter Serienmörder." Jawohl, er hat sie gelesen!)

Er aber will seine Ehe, seine ISP und sich selbst wieder mit Begeisterung beklatschen können. Und deshalb will und wird er die Fesseln lösen, die zwar nicht seine Hände, dafür aber umso stärker seinen Kopf geknebelt haben.

Herr Flow ist jetzt hellwach.

Die Fee ist weg. Oder war da gar keine Fee? War das alles nur ein Traum? Egal, er weiß augenblicklich sehr genau, was er zu tun hat, und er weiß: Er ist – endlich – erwachsen. Er ist erwachsen, weil er bereit ist, die Verantwortung zu übernehmen für seine Ansichten, seine Denkweisen und für seine Interpretationen von dem, was ist.

Er will seine Intensivsozialpartnerin, will sie so, wie sie ist. Nicht schöngefärbt durch die Brille der Vergangenheit, nicht als Projektionsfläche seiner unerfüllten Wünsche. Love it, leave it, change it, oscillate it – das sind nicht nur Alternativen, das sind Wahlmöglichkeiten, Wahlfreiheiten. Er kann sich frei entscheiden und damit Schöpfer seiner Welt sein. Ab heute wird er nicht mehr reagieren, ab heute wird er proaktiv seine Welt gestalten. **Er wird der Schöpfer seiner Welt sein!**

Sein Verstand ist auf einmal so klar und sein
Herz so voll, wie schon lange nicht mehr.
Jetzt sofort muss er ihr davon erzählen!
Gottlob ist sie heute bei keinem wichtigen
Vortrag, Seminar oder Training.

Eifrig erklärt er ihr seine Erkenntnisse,
seine Einsichten, seine neu verstan-
dene Verantwortung.
(Dass er die Fee verheimlicht, sei ihm verzie-
hen.) Er spricht mit ihr über ihre Entwicklung,
ihr Wachstum, und er sagt
Ja dazu. Er spricht mit ihr
über seine Entwicklung,
sein Wachstum, und
auch dazu sagt er Ja.
Und er sagt ihr, dass er
sie liebt, dass er sie
so will, wie sie ist.

Und noch etwas hat er begriffen: Grandmas Sprüche sind so wahr und weise wie sie uralt sind. „Das, was du bereit bist zu geben, erhältst du auch zurück", und „Wie man in den Wald hineinruft, so schallt es heraus."

Herr Flow ist tatsächlich erwachsen geworden. Er begreift, dass es in seiner Verantwortung liegt, ob er seine ISP auf den Sockel hebt, ob er mit ihr eine schleppende Ehe führt oder ob er sie verlässt. Er kann sich frei entscheiden.

Das eine wie das andere ist Ausdruck seiner Interpretation, seines Denkens und Handelns.

Tja, denkt da Herr Flow, ob Himmel oder Hölle, schuld sind nie die anderen ...

Herr Flow entscheidet sich für den Himmel. Er, seine ISP, die Ehe – zu allem sagt er ein hundertprozentiges JA. Weil er es so will.

Weil er es so will, ist er der Achterbahn des Lebens nicht länger hilflos ausgeliefert, sondern ist Schöpfer der Möglichkeiten, um Höhen, Tiefen und Kurven unbeschadet zu überstehen.

Weil er es so will, sieht er seine Intensivsozialpartnerin mit ganz anderen (und wieder verliebten) Augen, bewundert sie wie vor vielen Jahren, begehrt sie wie beim ersten Kennenlernen.

Und das mit ihrem Kinderwunsch – na, das wird schon.

Happy

Warnung:
Erfolg soll ein Leuchtturm sein, der
den Weg weist, aber kein Liegeplatz,
an dem man festmacht.

End

Denn die Schrecklichen 4 lungern
immer irgendwo herum.

Schritte aus der Krise

Statt zu jammern, sollten wir verstehen lernen, warum wir die Dinge bisher getan haben, wie wir sie getan haben, und erforschen, was in uns abläuft. Das beständige Infragestellen der eigenen Verhaltensweisen, Denkmuster und Eigenschaften bringt uns in einen Prozess, der das Trugbild der eigenen Persönlichkeit vor Augen führt.

In sieben Gedankenexperimenten lädt Wolf Lasko seine Leser dazu ein, die eigenen Denkstrukturen neu zu sortieren und Schritt für Schritt zu einer selbstbestimmten Lebensweise zu finden.

Wolf W. Lasko
Jammere nicht, handle
In 7 Schritten aus der Krise
232 Seiten
ISBN 978-3-89901-267-5

jkamphausen
weltinnenraum.de

Über die rote Linie gehen

Die rote Linie symbolisiert die Idee, vom Modus der Langeweile, der Routine, in den Modus der Power und des Erlebens zu wechseln. Wie? Mit 216 Experimenten, jeweils eines für Frauen und eines für Männer, 216 Möglichkeiten, einen Wandel einzuleiten.

Die rote Linie markiert dabei die virtuelle Grenze zwischen der lieb gewordenen, aber immer gleichen Gewohnheit, und faszinierendem Neuland: Sie konfrontiert Sie mit dem Abenteuer. Wagen Sie es, die rote Linie zu überschreiten, und Sie werden in das Neuland des intensiven Erlebens eintauchen.

Wolf W. Lasko
Das Abenteur deines Lebens
Über die rote Linie gehen
144 Seiten
ISBN 978-3-89901-552-2

jkamphausen
weltinnenraum.de

Das neue Selfpublishing-Portal **für AutorInnen und für LeserInnen.** Seien Sie dabei! Publizieren Sie als AutorIn in einem thematisch stimmigen Umfeld mit der Unterstützung eines erfahrenen Verlagshauses und entdecken Sie als LeserIn jeden Tag als erste/r neue Themen und Trends.

www.tao.de | info@tao.de

tao.de ist ein Imprint der J. Kamphausen Mediengruppe GmbH